**ANALISI DEL LIBRO**

AF156560

Parti in fretta e torna tardi
· · · · · · · · · · · · · · · ·

Fred Vargas

ANALISI DEL LIBRO

Scritto da Delphine Le Bras
Tradotto da Sara Rossi

Parti in fretta
e torna tardi

FRED VARGAS

FRED VARGAS

ROMANZIERA E SAGGISTA FRANCESE

- **Nata nel 1957 a Parigi.**
- **Opere degne di nota:**
  - *Il lavoro sporco di questa notte* (2006), romanzo poliziesco
  - *Un luogo incerto* (2008), romanzo poliziesco
  - *I cavalieri fantasma di Ordebec* (2011), romanzo poliziesco

Fred Vargas (vero nome Frédérique Audoin-Rouzeau) è nata a Parigi nel 1957. È una scrittrice, storica e archeologa che ha lavorato come archeologa medievale presso il Fondo Nazionale per la Ricerca Scientifica del Belgio. Il suo pseudonimo deriva dal diminutivo (Fred) del suo nome e dal personaggio di Maria Vargas, interpretato da Ava Gardner nel film *La contessa scalza* (diretto da Joseph L. Mankiewicz nel 1954). La sorella gemella dell'autrice, la pittrice Jo Vargas, scelse lo stesso pseudonimo.

Fred Vargas ha pubblicato circa 15 romanzi polizieschi e alcuni saggi filosofici. I suoi romanzi hanno avuto un grande successo e sono stati quasi tutti premiati in Francia o all'estero. Fred Vargas è attualmente una delle scrittrici poliziesche più famose di Francia.

PARTI IN FRETTA E TORNA TARDI

UN ROMANZO POLIZIESCO CON UN PIZZICO DI NARRATIVA NOIR

- **Genere**: romanzo poliziesco
- **Edizione di riferimento**: Vargas, F. (2004) *Have Mercy on Us All*. Trans. Bellos, D. Londra: Vintage.
- **1ª edizione**: 2001
- **Temi**: peste, omicidio, vendetta, indagine, panico

Parti in fretta e torna tardi è stato pubblicato nel 2002 ed è il nono romanzo di Vargas. Il titolo del libro in francese, *Pars vite et reviens tard* ("*Parti in fretta e torna tardi*"), si riferisce al consiglio dato dalle guide mediche nel Medioevo, secondo cui la fuga è la migliore risposta a un'epidemia di peste. La trama combina un'indagine nella Parigi dei giorni nostri con la descrizione di diverse epidemie di peste, che un serial killer utilizza per spaventare la città. Possiamo supporre che l'autrice abbia attinto alle sue conoscenze di medievalista per scrivere questo romanzo. *Parti in fretta e torna tardi* ha vinto il Prix des libraires e il Grand prix des lectrices de Elle nel 2002.

SINTESI

L'ANNUNCIO DELLA PESTE

Joss Le Guern è un ex marinaio bretone. Dopo aver fatto naufragio, attacca il proprietario della sua nave e quasi lo uccide, il che lo porta in prigione per due anni. Una volta uscito, si trasferisce a Parigi. È qui che il suo trisnonno gli appare durante una notte di bevute e gli suggerisce di accettare il lavoro di famiglia come banditore. I banditori erano soliti portare le notizie e gli annunci degli abitanti dei villaggi più remoti.

Joss decide quindi di fare proprio questo e allestisce a Parigi una cassetta in cui gli abitanti possono inserire annunci e note su come si sentono. Grida le notizie tre volte al giorno in una piazza di Parigi. Tuttavia, da tre settimane riceve strani messaggi scritti in francese antico e latino che annunciano il ritorno di una terribile pestilenza. Decide di andare a trovare un vecchio amico, Decambrais, un ex prigioniero soprannominato "lo studioso", che identifica i messaggi come estratti di manoscritti che descrivono diverse epidemie di peste. I due decidono di avvertire la polizia e di recarsi da Adamsberg.

In questo periodo, il commissario Jean-Baptiste Adamsberg è stato trasferito alla squadra omicidi di Parigi. Una giovane madre è venuta a presentare un reclamo per le strane iscrizioni sulle porte del suo palazzo: un "4" capovolto scritto con inchiostro nero. Dopo aver consultato un medievalista, il commissario scopre che il numero è in realtà una croce scritta in un solo tratto e che dovrebbe allontanare la peste dalle case su cui è scritto. Questi curiosi simboli iniziano a comparire negli appartamenti di tutta Parigi. Adamsberg stabilisce un legame tra i misteriosi messaggi di Joss e i simboli che si stanno diffondendo in tutta la città. La sua curiosità lo porta ad andare ad ascoltare gli annunci di Joss per farsi un'idea più precisa del significato di questi strani messaggi.

Joss lascia il suo squallido monolocale per andare a vivere con Decambrais, dove incontra gli altri inquilini: Damascus, che ha un negozio di skate, Lizbeth, un'ex prostituta americana e una specie di diva, Eva, che è appena scappata dal marito violento, e Marie-Belle, la modesta sorella di Damascus.

LA PRIMA PORTA

Il narratore porta il lettore a trovare una donna di nome Narnie, il cui genero Arnaud le fa visita. Sembra che sia lui a tracciare i segni sulle porte. L'anziana donna alleva ratti, che ritiene portatori di peste, e invia ad Arnaud lettere piene di pulci alle future vittime. È convinta che la sua famiglia abbia poteri magici, poiché i suoi genitori sono sopravvissuti a un'epidemia di peste.

I messaggi del giorno di Joss annunciano le prime vittime della peste. Un cadavere viene scoperto in un condominio di Parigi e vicino al corpo viene trovata una busta piena di pulci. La carta è identica a quella usata per le missive che il banditore riceve. Adamsberg e il suo assistente Danglard avviano un'indagine. Scoprono che la vittima non è morta di peste, ma è stata morsa dalle pulci e poi strangolata. Poco dopo vengono trovate altre due vittime. Gli abitanti di Parigi iniziano a farsi prendere dal panico: tracciano il numero quattro sulle porte per proteggersi dalla peste. Adamsberg è convinto che l'assassino sia tra la folla che ogni mattina viene ad ascoltare le notizie di Joss.

La stampa viene a conoscenza della voce e ricorda agli abitanti di Parigi l'epidemia di peste che colpì la città nel 1920. Adamsberg chiede aiuto a uno psichiatra per tracciare il profilo psicologico dell'assassino. Egli ritiene che il colpevole sia personalmente legato alla peste. Il commissario fa alcune ricerche sull'epidemia del 1920. È anche incuriosito dall'altro fratello di Marie-Belle, di cui lei si prende cura perché sembra essere psicologicamente fragile.

A Marsiglia viene scoperta una nuova vittima e Adamsberg va ad indagare. Continuando a indagare, scopre che i ricchi indossano diamanti all'anulare sinistro per proteggersi dall'epidemia. Il commissario ricorda di aver visto un lampo dalla mano di qualcuno durante il pianto di Joss. Quando torna a Parigi, porta Damascus per interrogarlo e vede che l'uomo porta effettivamente un diamante sulla mano sinistra. Diventa quindi il principale sospettato. Inoltre, ha le pulci addosso e ha accesso diretto alla scatola di Joss. Adamsberg scopre anche che non ha una fedina penale pulita: è stato accusato ingiustamente di aver gettato la sua ragazza dalla finestra.

Uno sconosciuto si presenta alla stazione di polizia sostenendo che la sua vita è in pericolo: ha trovato una busta piena di pulci sotto la sua porta. Adamsberg intuisce che ha un passato misterioso. Sotto pressione, il giovane ammette di aver fatto parte di una banda di sette gangster che hanno torturato un uomo e violentato la sua ragazza.

LA CONCLUSIONE

Adamsberg stabilisce un legame con il passato di Damascus, che aveva perfezionato un dispositivo per la produzione di leghe d'acciaio a nido d'ape che ne riduceva di molto la probabilità di rottura. Un importante boss dell'azienda lo rapì per rubargli il brevetto. Dopo essere stata violentata, la sua ragazza si è suicidata e Damascus è stato accusato di omicidio. Con l'aiuto della nonna, preparò la sua vendetta in prigione utilizzando il mito familiare della peste. Il suo obiettivo era eliminare i gangster che avevano aggredito lui e la sua ragazza. Narnie viene arrestata e ammette tutto, perché è convinta che le vittime siano davvero morte di peste. La sua famiglia è sopravvissuta a un'epidemia di peste a Clichy nel 1920. Ci sono ancora tre aguzzini di Damascus da uccidere.

Il commissario è convinto che una terza persona sia stata incaricata di eliminare i bersagli rimanenti. Damascus e sua nonna non sanno ancora che le pulci non erano in realtà portatrici di peste. Dopo aver inseguito un individuo che usciva dalla casa di Marie-Belle, Adamsberg scopre che il padre di Damascus ha condotto una doppia vita: ha riconosciuto il suo primo figlio, ma non gli altri due figli avuti da un altro matrimonio: Marie-Belle e suo fratello Antoine. Sono questi due figli illegittimi che hanno seguito Damascus per strangolare le vittime – sono loro i colpevoli. Volevano far imprigionare Damascus per omicidio e rubargli l'ingente eredità.

La vera colpevole, Marie-Belle, non viene perseguita perché è fuggita, lasciando la sua confessione ad Adamsberg. Poiché non sono colpevoli degli omicidi, Damascus e sua nonna vengono lasciati liberi. Il commissario decide di non dire all'anziana donna che gli aguzzini di suo nipote non sono stati uccisi dalla peste.

STUDIO DEL CARATTERE

JOSS LE GUERN

Ex marinaio molto orgoglioso delle sue origini bretoni, Joss Le Guern viene mandato in prigione dopo aver aggredito violentemente il proprietario della sua nave. Alcolizzato e aggressivo, senza veri legami familiari, fa qualche lavoretto saltuario prima di abbracciare la professione familiare di banditore. Il suo trisnonno, Nicolas Le Guern, nato nel 1832, gli appare di tanto in tanto per offrirgli dei consigli.

Joss ha avuto un'infanzia difficile: è stato mandato in collegio in tenera età, dove è stato picchiato. Per questo motivo diffida degli estranei. È abituato a stare da solo e si esprime in modo diretto e crudo, per lo più con un vocabolario da marinaio: "Le vescicole sferiche di quel tipo di alga si chiamavano galleggianti, e Joss riteneva che la parola si adattasse perfettamente all'occhio di Adamsberg. Le galleggianti del commissario erano sepolte sotto una protettiva sporgenza di sopracciglia disordinate e folte" (p. 88). Joss rimane impassibile: non teme gli strani avvertimenti che legge e non crede nemmeno per un secondo che la peste sia tornata a Parigi.

DAMASCUS VIGUIER (ARNAUD HELLER-DEVILLE)

Damascus è un personaggio secondario all'inizio del libro e diventa importante solo nella seconda metà della storia. È il proprietario di un negozio di skate chiamato Rolaride e lascia che Joss lavori nel retro. Damascus non si cura molto del suo aspetto: i suoi lunghi capelli sono spesso sporchi e non indossa mai molti vestiti, nemmeno in inverno.

Il lettore viene a conoscenza del suo doloroso passato solo in seguito: il padre era violento, ma lui era uno studente brillante e aveva perfezionato un procedimento chimico per rendere più solidi i metalli. Dopo essere stato catturato e torturato da un boss dell'azienda che voleva rubargli il brevetto, la vita di Damascus viene stravolta: viene accusato di aver ucciso la sua ragazza, che in realtà si è suicidata. Cresciuto con la leggenda di famiglia di poter seminare la peste e sopravvivere, elabora un piano di vendetta con la nonna. È un personaggio fragile e mentalmente distrutto. Anche se si fida di Marie-Belle, la sorellastra incontrata per caso, che alla fine lo delude così come la scoperta che il potere della famiglia è una menzogna.

IL COMMISSARIO JEAN-BAPTISTE ADAMSBERG

Nato nei Pirenei e trasferito alla squadra omicidi di Parigi, Adamsberg è un ometto dai capelli castani e dall'aspetto trasandato. È un sognatore che non ha un vero e proprio metodo nel condurre le sue indagini: si fida del suo istinto, che in genere lo porta alla soluzione, e diffida dell'uso delle nuove tecnologie. Tuttavia, è molto sensibile ai drammi umani: individua facilmente la psicologia dei sospettati o dei suoi colleghi.

Personaggio solitario, il commissario fa ogni giorno lunghe passeggiate per riflettere sul caso a cui sta lavorando. Frequenta Camille da diversi anni, ma non riesce a esprimerle i suoi sentimenti. Lei lo trova a letto con un'altra donna, un'azione di cui lui si pente senza riuscire a scusarsi.

ADRIEN DANGLARD

A differenza del suo superiore, l'assistente del commissario Danglard è la definizione di un personaggio logico. Dà importanza alle prove scientifiche e impiega metodi investigativi rigorosi.

Danglard non è molto bello fisicamente, ma è comunque un personaggio toccante. Pochi dei suoi colleghi sanno che la moglie ha lasciato lui e i loro cinque figli. Non si è mai ripreso e la sera affoga i suoi dispiaceri da solo con la birra. Accoglie Camille dopo che Adamsberg l'ha tradita.

DECAMBRAIS (HERVÉ DUCOUEDIC)

Uomo diffidente e discreto, Decambrais è un ex insegnante di storia della Bretagna, accusato ingiustamente di aver aggredito uno studente. È un uomo molto colto (è soprannominato "l'erudito") che nel tempo libero fa pizzi e merletti, il che gli procura non poche prese in giro da parte dei vicini. Inoltre, Decambrais è la prima persona a scoprire i messaggi dell'assassino. Affitta le stanze della sua casa a persone in difficoltà.

LIZBETH

Lizbeth è una delle inquiline di Decambrais. È un'ex prostituta americana e cucina per tutta la famiglia. Ha un carattere cordiale con un sorriso brillante e lavora come cantante jazz ogni sera in un cabaret. Non si fida degli uomini e non si fa illusioni sull'amore.

ANALISI

FRED VARGAS E LA NARRATIVA NOIR

La narrativa noir è spesso associata al genere poliziesco, di cui è un sottogenere. È diventata popolare negli Stati Uniti tra la Prima e la Seconda Guerra Mondiale.

La narrativa noir stravolge gli elementi del romanzo poliziesco classico, vale a dire:

- l'identificazione di un infallibile custode della legge, ovvero il detective;

- la risoluzione dell'indagine con l'arresto di un sospettato chiaramente colpevole;

- personaggi con scarso spessore psicologico;

- una trama molto stereotipata.

L'obiettivo principale della narrativa noir è descrivere una particolare realtà sociale per identificare l'origine del crimine. Le indagini si svolgono generalmente nelle periferie delle grandi città o nel cuore delle zone povere. Sono guidate da un commissario o da un detective che spesso ricorre a metodi illegali, come la violenza o le tangenti, per venire a capo del mistero. Non sempre il colpevole viene punito, poiché le reti di bande spesso sfuggono alla giustizia.

La narrativa noir è un tipo di letteratura moderna, e *Parti in fretta e torna tardi* rientra chiaramente in questo genere. Il romanzo descrive la violenza dei quartieri poveri di Parigi e l'instabilità dei loro abitanti. Infine, il caso non è realmente chiuso poiché la vera colpevole, Marie-Belle, riesce a sfuggire alla legge.

UNA DESCRIZIONE DEL MONDO MODERNO

Il libro di Vargas descrive la vita quotidiana di una serie di personaggi in una città lontana dai cliché che si trovano normalmente nelle opere su Parigi.

Tutti i personaggi hanno una vita segreta o un passato doloroso:

- Adamsberg non riesce a esprimere i suoi sentimenti o ad avere una relazione sentimentale soddisfacente;

- la moglie di Danglard lo ha lasciato per crescere da sola i loro cinque figli;

- Joss Le Guern è stato mandato in un collegio e ha subito violenze da bambino;

- Damascus ha passato l'inferno: è stato torturato, la sua ragazza si è uccisa e lui è stato mandato in prigione;

- Decambrais è stato accusato di un reato che non ha commesso;

- Lizbeth si è prostituita e ha vissuto per strada.

Nessuno dei personaggi di questo libro sembra condurre una vita semplice e felice. Al contrario, sono tutti psicologicamente complessi. La società li ha maltrattati e molti di loro si sono costruiti una seconda identità per proteggersi. La dualità è un tema costante nelle opere di Vargas: l'aveva già affrontato ne *I tre evangelisti*.

Anche questi personaggi tendono a vivere in zone povere e violente. La loro vita quotidiana è oscura e preoccupante:

- Joss deve sopravvivere con lavori saltuari;

- Narnie vive in una casa squallida a Clichy;

- la maggior parte dei personaggi si rifugia nei bistrot;

- i corridoi dei loro condomini sono luoghi poco sicuri;

- i lampioni lungo il canale non funzionano;

- Damascus viene picchiata violentemente.

La società sembra anche includere una serie di contraddizioni e ingiustizie: "Damascus ha scontato cinque anni di carcere per un crimine mai commesso. Oggi è stato rilasciato per crimini che pensava di aver commesso. Marie-Belle è in fuga per una carneficina che ha ordinato. Antoine sarà condannato per omicidi che non ha scelto" (p. 318).

La descrizione del mondo moderno, così come lo vede Vargas, è cupa, ma anche commovente, poiché la maggior parte dei personaggi cerca di uscire dal guaio in cui si trova. Lo scrittore non presenta quindi un'immagine completamente pessimistica della realtà, come spesso accade nella narrativa noir.

LINGUAGGIO COLLOQUIALE E INVENTIVO

L'autore descrive la vita parigina con l'aiuto di un linguaggio colloquiale. Il tono delle conversazioni è spesso diretto e grossolano: "Bisogna essere davvero fuori di testa per passare il tempo a sproloquiare in un luogo pubblico. Dovrebbe farsi una bella scopata, quel tipo, per schiarirsi un po' le idee" (p. 122).

La trama si svolge al ritmo degli annunci di Joss Le Guern, che scandiscono il ritmo del romanzo e rompono il tono generale della narrazione. La presenza di questo intertesto in francese antico introduce un secondo livello nella trama, poiché i personaggi devono indagare sull'origine di questi messaggi. I documenti relativi alle epidemie di peste introducono un elemento storico nel romanzo. *Parti in fretta e torna tardi* è anche pieno di indizi: Vargas lascia cadere indizi sull'identità dell'assassino per tutto il libro, come vediamo quando viene menzionato il secondo fratello di Marie-Belle e quando i protagonisti visitano Narnie. Infine, anche i diversi estratti dei testi riguardanti la peste possono essere visti come parte di un codice.

ULTERIORI RIFLESSIONI

ALCUNE DOMANDE SU CUI RIFLETTERE...

- Fred Vargas è una specialista del Medioevo. La sua passione traspare in *Parti in fretta e torna tardi*? Giustificate la vostra risposta.

- Confrontate i due commissari del romanzo, Adamsberg e Adrien Danglard. Svolgono le loro indagini allo stesso modo di altri grandi detective come Colombo o Sherlock Holmes?

- Cosa rende *Parti in fretta e torna tardi* un esempio di narrativa noir?

- In che cosa si differenzia *Parti in fretta e torna tardi* dai classici romanzi polizieschi?

- La dualità è un tema costante nell'opera di Vargas. Spiegate come con l'aiuto di esempi tratti dal libro.

- Il romanzo è ottimista o pessimista? Fornite una risposta dettagliata.

- I protagonisti di *Parti in fretta e torna tardi* sono eroi? Giustificate il vostro punto di vista.

- Qual è la funzione degli annunci di Joss Le Guern?

- Secondo lei, l'adattamento cinematografico del romanzo è fedele all'opera di Vargas? Riesce a trasmettere l'atmosfera? Giustificate la vostra opinione.

- Secondo lei, perché questo romanzo ha avuto tanto successo?

ULTERIORI LETTURE

EDIZIONE DI RIFERIMENTO

Vargas, F. (2004) *Have Mercy on Us All.* Trans. Bellos, D. Londra: Vintage.

ADATTAMENTO

Pars vite et reviens tard. (2007) [Film]. Régis Wargnier. Dir. Francia: Gaumont Film Company.

Vogliamo sapere da voi!
Lasciate un commento sulla vostra biblioteca online
e condividete i vostri libri preferiti sui social media!

Perché scegliere Must Read?

Scoprite tutto quello che c'è da sapere su un libro, con i nostri riassunti e le nostre analisi concise e approfondite!

Scoprite il meglio della letteratura sotto una luce completamente nuova!

www.50minutes.com

www.50minutes.com

Master ISBN: 9782808690829
ISBN cartaceo: 9782808612227
Deposito legale: D/2023/12603/1502

Copertura: © Primento

Concezione digitale a cura di Primento, il partner digitale degli editori.